우주에서 하나뿐인 너에게

당신이라서
더욱 아름답고 특별합니다

우주에서 하나뿐인 너에게

손려원 글·그림

작가의 말

보통의 예술은 눈으로 편리하게 직관적으로 보고 느낄 수 있는 것에 의해 창작되곤 한다. 하지만 나는 그런 일반적 경우를 완전히 벗어나서 불편한 상태에 있는 가운데 들려오는 마음의 소리를 담아내려고 노력했다. 그 표현하기 어려운 복잡한 사람의 감정의 세계를 자연에 형태에 빗대어 자유롭게 그리며 최대한 내면에 솔직해지려고 했다. 무관심하게 버려지곤 하는 감정들을 자연의 형태를 빌리되 일부는 왜곡되게 표현함으로써 진실에 최대한 정확하게 도달하고자 했다. 그 본질은 인간이 근본적으로 가져야 할 사랑과 인간성 회복, 그리고 생명 존중이다.

모든 예술의 시작과 끝은 기쁨의 단계를 넘어 흔들리지 않은 평온의 감정을 갖는 것이라 믿으며 그림을 그려왔다. 평온을 방해하는 알 수 없는 감정이 우리 안에서 충돌을 일으킬 때 무슨 말을 하고 어떻게 달래줄 것인가. 나는 그동안 많은 물음표를 품은 채 번민해왔다. 고통스럽더라도 평온 하나만을 바라보며 그리기 시작하는 수밖에 없었다. 나는 사람의 마음이 평온의 들판에 이르기를 바라는 마음으로 그림을 그린다. 저 광활한 우주에, 빛나는 별들 속에, 아름다운 꽃들 속에, 평온은 나의 모든 곳에 존재한다. 평온은 빛나는 사랑이다. 신이 우리에게 주는 소중한 선물이다. 그런 평온을 꿈꾸며 나는 일상의 사소한 일들을 깊이 들여다보고 감사와 기쁨을 시적인 언어로 노래하기를 원한다.

불편한 감정의 충돌은 우리가 살아가는 인생 전반에 숨겨져 있다. 그 불편함에 의문을 갖기 시작한 나는 잃어버린 퍼즐 조각처럼 불편한 조각의 정체를 찾곤 했다. 아픈 감정을 묵살하지 않고 살리는 것은 용기이고 지혜이다. 나의 예술은 세상 가장 쓰라린 곳에 머물러 반짝이면서 빛으로 말을 한다. 혼란한 상황에 맞서고 차분하게 바라보는 지혜를 터득하면 불편한 감정을 다스릴 수 있는 평온의 단계에 이르게 된다. 수많은 돌이 던져져도 동요되지 않는 마음. 그 힘은 바로 사랑의 지혜에서 비롯된다. 나는 그것을 시각화하고 그리기를 주저하지 않는다. 나의 예술은 지혜의 말이고, 한 편의 아름다운 시이며, 더불어 기독교적인 신앙이면서 동시에 궁극적으로 이 모든 것을 통틀어 나는, 사랑이라 말한다.

마음의 창을 통해 느껴지는 것은 여러 가지 형태로 나뉜다. 그 형태에는 부정적인 것과 긍정적인 것이 공존한다. 긍정적인 것은 우리를 선함으로 인도해주고 일으켜 세워 주며 인간다움을 잃지 않게 한다. 그리고 조금은 왜곡되고 과장된 형태일지 몰라도 그런 긍정적인 요소를 소중히 간직해서 그 가치를 설파하고 싶었다. 이 그림을 통해서 우리가 얼마나 값진 인생을 살고 있는지 알아감과 동시에 작은 가치를 모두 소중하게 아껴 주기를, 진심을 차곡차곡 눌러 담아 말하고 있다.

색 중에 최고의 색은 블랙이라고 생각한다. 블랙이야말로 우리 모두가 잊고 있던 왕의 귀환이다. 모든 것은 지워버리고 모든 것을 되살려 회복시킨다. 펜 끝에 잉크를 찍는 순간 나의 심장은 묘한 흥분 상태가 된다. 블랙의 터치가 어둠 속에서 아침 햇살처럼 파동을 일으키며 마음의 깊은 곳까지 도달하는 순간 가장 강력한 힘을 갖고 내 안에서 새롭게 태어난다. 말이 필요 없는 한 장의 그림을 만들어 낸다.

인간이 가지고 있는 창조성을 편견 없이 수렴하고 명료한 개념들로 다시 어루만지면서 치유의 공간이 새롭게 열리게 되리라고 나는 믿어 의심치 않는다. 그것은 곧 각자만의 다양한 개성의 본질에 감춰진 창조성을 극대화시켜 나감을 의미한다. 개개인의 개성에 드리워진 정형화된 틀을 허물어 버리고 각자만의 빛나는 행복의 의미를 따라가는 하나의 여정인 것이다. 그런 점에서 예술의 근본적인 목적은 사람을 사랑의 빛에 이르게 하고 현재와 미래를 희망으로 연결하는 통로라고 생각한다.

은둔 생활을 자처하며 인적이 드문 2평 반 정도 되는 작은방에서 독학으로 그림을 그렸다. 작품에 등장하는 소년과 소녀는 우리의 내면세계를 표현하고 있으며 여러 가지 감정의 세계를 도출하는 역할을 한다. 나의 작품 세계는 그리는 순서, 형태, 엄격한 방식이 없다. 모든 소재는 일상생활의 인간관계에서 찾기도 하고 책을 통해서, 또는 다양한 상황에서 느껴지는 것들에서 얻은 것이다. 그러면 나는 그 소재들에 가장 적절한 시적, 언어적 형태를 입혀서 드로잉을 한다. 작은 선 하나라도 적절한 시적인 언어를 입고 다시 생명을 얻게 되었을 때 인간의 감정은 그 선 하나에 크게 전율하기도 한다. 나의 작품은 추상적인 초현실주의 같지만 기독교적인 사상을 바탕으로 한 것이 사실이다. 하지만 더 넓게는 수많은 감정과 사유들이 어떠한 구애 없이 해방될 수 있는 마음의 공간, 즉 공간 미술이기도 하다.

한 장의 종이 위에 그려지는 나의 그림은 단순히 그림을 즐기는 사람만을 원하지 않는다. 마음이 아픈 사람, 고통으로 눈물짓는 사람, 잊고 있던 사랑을 떠오르는 사람, 답답한 마음으로 속앓이하는 사람 모두를 불러낸다. 나의 예술 작품이 펼쳐놓은 공간 속에서 누군가는 잃어버린 자신의 모습을 찾길 바란다.

요즘 우리는 상실의 시대를 살고 있는 것 같다. 몸의 기능을 상실하고 마음을 상실하고… 때론 무엇으로도 회복되기 어려운 상태에 이르기도 한다. 나의 작품 세계는 상실과 회복을 위해서 존재한다고 생각한다. 어떻게 하면 나의 그림을 통해 보는 이로 하여금 평온의 단계에 이르게 할 것인지 많은 고민을 하기 때문이다. 오랜 시간 나는 상실의 늪에 빠져 평온을 찾지 못했고 누구보다 평온이 절실했기에 그림을 끝까지 붙잡을 수 있었다. 수많은 상실의 시간을 거쳐 오며 할 수만 있다면 붙잡고 싶었던 애타는 심정을 그림 속에 녹여 놓았다.

섬세하게 터치하듯 어루만지기도 하고 때론 강한 목소리도 내면서 조심스럽게 진심에 다가가기를 멈추지 않는 공간 미술. 나는 나의 예술 작품으로 소리 없이 목놓아 말한다. 관람객이나 독자분들과 함께 한 시대를 살아가면서 다 같이 사랑과 평온을 노래하기를. 또한, 생명의 소중함을 말하면서 우리가 사는 이곳을 아름답게 가꾸고 물려줄 수 있기를. 나는 나의 예술이 벽에 걸리기보다 마음에 걸리기를 원한다. 또한 영원히 소멸하지 않을 빛을 쫓아가며 소망할 것이다. 그리고 끊임없이 되뇔 것이다. 죽는 날까지 사랑하며 감사하기를...

2023년 12월

손려원

차례

작가의 말 * 4

제 1 장
지금 당신은 빛나고 있어

모두에게 감사해 * 18 / 살아 내는 삶 * 20 / 꼭 필요한 사람 * 22 / 지금 이 순간 * 24 / 이기는 게임 * 26 / 사람을 돕는 띠 * 28 / 지금은 잠깐 쉬어 * 30 / 사랑하기에 좋은 때 * 32 / 눈부신 햇살 * 34 / 나의 인생 길 * 36 / 사랑의 힘 * 38 / 내가 가진 것 * 40 / 평온한 마음으로 초대 * 42 / 꽃이 피었다 * 44 / 힘내라, 내 인생 * 46 / 언제나 새날 * 48 / 최고의 행복 * 50 / 너 지금 괜찮아? * 52 / 나 중심으로 * 54 / 인생은 파도 * 56 / 공중부양 * 58 / 잠깐의 여유 * 60 / 진심의 꽃 * 62 / 앞으로도 잘 부탁해 * 64

제 2 장
사랑 받고 싶은 마음에서
사랑 주고 싶은 마음으로

바로 지금이 최고의 순간이다 * 68 만들어가는 행복 * 70 나의 뒷모습 * 72 내 눈에 비친 당신 * 74 사랑은 무한대 * 76 사랑의 흔적 * 78 모든 것을 인정하는 것 * 80 가장 당신다운 모습 * 82 당신은 듣고 있나요 * 84 만지지 않은 마음 * 86 사랑 주고 싶은 마음으로 * 88 소중함을 잃지 말자 * 90 너를 사랑한 이후로 * 92 가슴을 활짝 들어봐 * 94 함께 걸어가는 삶 * 96 위로받고 싶은 날 * 98 응원의 손길 * 100 고난의 따뜻함 * 102 사랑의 가시 * 104 사랑은 언제나 옳다 * 106 좋은 관계 * 108 말로 때리는 사람 * 110 위로받고 싶은 날 * 112 우리는 한 짝이다 * 114

제 3 장
불편한 마음인 채로 평온하게 살아가기

훗날에 기억되는 사람 * 118 / 돈으로 살 수 없는 행복 * 120 / 용서의 마음 * 122 / 나를 먼저 사랑하기 * 124 / 지금까지 난 괜찮다며 말하고 살았어 * 126 / 향기로운 사람 * 128 / 마음의 등불 * 130 / 불편한 마음 안아 주기 * 132 / 인생은 아름다워 * 134 / 가장 밝은 웃음 * 136 / 책을 읽는 지혜 * 138 / 작은 나로도 충분해 * 140 / 사랑스러워지는 나 * 142 / 되돌아오는 사랑 * 144 / 그런 사람이면 좋겠어 * 146 / 부족해도 괜찮아 * 148 / 좋은 마음의 씨 * 150 / 고마워, 감사해 * 152 / 나를 사랑한다면 * 154 / 사랑받는 존재 * 156 / 행복해질 수 있어 * 158 / 너의 방식대로 * 160 / 언제나 소중한 너 * 162 / 저 빛나는 별들 속으로 * 164 / 무슨 일이든 하자 * 166 / 슬픈 약속 * 168 / 사랑이 문제다 * 170 / 이제 그만할 거야 * 172 / 외로워질 용기 * 174 / 내일을 향한 손짓 * 176 / 성장하는 중이니까 * 178 / 나를 사랑하기 * 180 / 지금은 좋은 때 * 182

제 4 장
미완성이지만 따뜻한 너로 살아줄래

사랑을 하면 * 186   어떤 상황에도 약해지지 마 * 188   모든 것이 변해 * 190   나만의 길 * 192   혀에 의한 죽음 * 194   무장해제 196   잘못을 인정하는 용기 * 198   상처를 딛고 일어서라 * 200   당신이 충분히 강한 사람이 되라 * 202   너 때문이야 * 204   사랑받고 싶은 마음 * 206   나를 꺾는다 * 208   망설이지 마라 * 210   내버려 두지 마 * 212   착한 마음이 부르는 곳 * 214   외로운 그림자 * 216   내 안에 중심 * 218   시간의 마법 * 220   사라지는 사랑 * 222   모든 시작은 너 * 224   신은 언제나 침묵이다 * 226   사랑은 나로부터 * 228   보이지 않는 고통 * 230   나의 힐링타임 * 232   음미하는 순간 * 234   제일 먼저 너를 사랑하기 * 236   기다리는 법 * 238   절실한 꿈 * 240   쉼 * 242   평온을 바라보는 눈 * 244   가장 빛나는 별 * 246

제 1 장
지금 당신은 빛나고 있어

모두에게 감사해

고마워.
이토록 많은 별들을 보내줘서 감사해.
이토록 많은 꽃들을
만나게 해줘서 감사해.
모든 별빛, 모든 꽃 한 송이처럼
모두가 너무나 소중해.
그 하나하나가 있기에
우리 모두 존재할 수 있어.
다 같이 함께 할 수 있음에
너무나 감사해.

살아 내는 삶

울고 싶은 인생들에게 말해 줄래.
열 개 중 아홉 개의 나쁜 일들이 있었다면
단 한 개의 기쁜 일을 위해
살아가는 것이라고.
힘든 일들만 나에게만 일어난다면
짧은 기쁨을 맛보기 위해 견디는 것이라고.
'우리는 이렇게 살아 내는 것'이라고 말해 줄래.

꼭 필요한 사람

좋아하는 일을 하고 살면,
꼭 필요한 사람이 되어지더라.

지금 이 순간

놓칠 수 없는 순간.
놓친 걸 후회하는 순간.
꽃 피는 지금 이 순간.
우리는 이렇게 피고 지는
찰나의 순간에 산다.

이기는 게임

인생은

끝까지 버티는 사람이 이기는 게임이다.

사람을 돕는 띠

사람의 마음이 띠를 이룬다.
약한 자들을 돕는 띠.
빼앗긴 자들을 돕는 띠.
작고 부족한 손들이 잇고 또 이어져
국경을 잇는 다리가 되면
우리를 지킬 수 있는 커다란 힘이 생긴다.
하늘을 움직일 수 있는 뜻은
작고 부족한 것들이 모여서 이루어진다.

지금은 잠깐 쉬어

무거운 짐 가득 품은 나에게
꿋꿋하게 버텨 온 나에게
지금까지 잘 했다고.
앞으로도 잘 할 거라고.
지금은 잠깐 쉬었다 가라고.
밤 하늘에 구름 한 점 띄워 말해주고 싶어.

사랑하기에 좋은 때

요즘 유독 사랑하기에 좋은 때야.
너와 함께 있는 시간을 갖고 싶어.
진심을 다해 사랑할 거야.
그렇게 우리만의 시간을 갖는 거야.
지금 이 순간을 사랑하며
우리는 이렇게 함께 할 거야.
언제나.

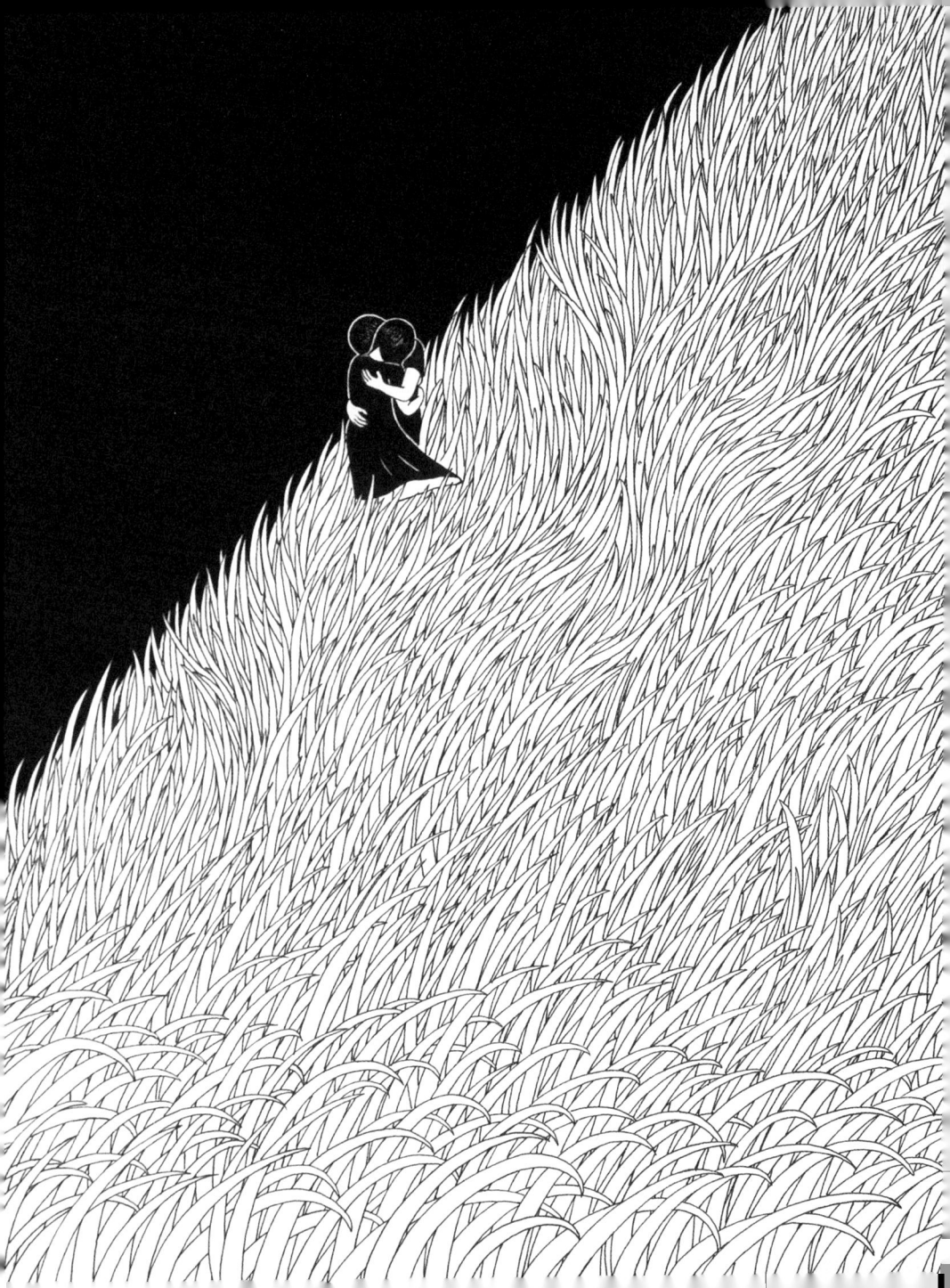

눈부신 햇살

따뜻한 아침 햇살이
내 인생길을 비출 때
어느 날 문득 깨닫게 됐지.
어느 것과도 바꿀 수 없는 나임을.

무엇 하나 마음대로 되지 않는 인생이지만
눈부신 햇살 하나가 나를 따뜻하게
감싸 안으며 알려주었어.
그럼에도 계속 나를 사랑하라고.
나를 끝까지 놓지 말라고.

나의 인생 길

지금의 나는 수많은 시간을
돌아 돌아 만들어진 거야.
그러니 홀대하지 말아줘.
여기까지 올라오기 나름 힘들었어.
그러니 대견하다고 말해줘.
토닥이는 칭찬 한 마디로도 행복해지는 나니까.
멋진 나니까.

사랑의 힘

가장 먼 거리를 빠르게 가는 길.
사랑의 힘으로 가는 길.
가진 것 없어도 굽히지 않고 살 수 있었어.
어깨에 힘 들어간 것처럼 당당할 수 있었어.
너를 향한 사랑의 힘으로.

내가 가진 것

가진 것 없고, 빽도 없는 나.
무엇으로 희망이 될까.
나에게 주어진 건 단 하나.
묵묵한 미련함이 내가 가진 전부이기에
나는 오늘도 그것에 내 전부를 건다.

평온한 마음으로 초대

사람의 마음이 늘 평온할 수는 없지.
하지만 평온한 곳으로 자신을 초대할 수는 있어.

꽃이 피었다

작은 행복들이 모여 한 다발이 되었다.
희망 하나 품고, 꿈 하나 부여잡고,
언젠가는 나도 좋아지겠지 하고 살았다.
작은 수고의 시간들이 모여
이렇게 내가 만들어졌다.
행복을 원하지만 더디기만 했던 나에게도
드디어 꽃이 피었다.

힘내라, 내 인생

한 번뿐인 삶은 오로지 내 것이기에
함부로 할 수 없지.
울어도 내 인생.
아파도 내 인생.
힘내라, 내 인생.

언제나 새날

어떻게 할 수 없는 상황을 붙들고
힘들어하지 마라.
상황을 받아들이면 항상 새 날이다.
나는 오늘만 산다.
화창한 날은 밝게 웃으면 되고.
궂은 날은 그냥 기다리면 된다.
그렇게 나는 매일 새날을 맞이한다.

최고의 행복

어느 날 빛나는 별 하나가 나를 따라오라며
평온한 들판에 잠들게 했지.
말하고 싶을 때 말하고, 먹고 싶을 때 먹고,
자고 싶을 때 잠드는 것.
그것이 우리가 누릴 수 있는
최고의 행복이라 알게 했지.

너 지금 괜찮아?

나는 지금 마음 산책 중.
고마운 바람이
'너 지금 괜찮아?'라고 달래주고
감사한 햇살이
'너 지금 뭐 하고 싶어?'라며 안아준다.
마음을 달래주고 안아주면
어쩐지 마음이 조여온다.
난 다시 일어설 용기를 가진다.

나 중심으로

명심해야 할 것 하나.
나 중심으로 바라보고.
나 중심으로 생각하고.

인생은 파도

인생은 때때로
거친 바다를 건너오라고 해.
그렇지 않으면
아무것도 허락하지 않겠다는 것처럼
세차게 몰아치지.
내가 할 수 있는 건 아무것도 없어.
그저 희망을 바라볼 수밖에.

공중부양

이런저런 일을 다 겪다 보니
내 삶에 강한 근육이 생기더라.
단단해진 근육으로 거친 세파를 딛고 올라보자.
멋지게 저 높은 곳으로 공중부양!

잠깐의 여유

앞뒤가 답답하게 막혔을 때 더욱 필요해.

잠깐의 여유.

진심의 꽃

좋은 일은 진심을 바쳐야 해.
그 시간을 버티는 것이 힘겨울 수도 있지만
늦게 피어나는 꽃이 있듯이
진심을 다하다보면 언젠가 꼭 빛을 보게 되어있어.

앞으로도 잘 부탁해

당신이 어떤 삶을 살든 진심을 다해 응원해.
지금까지 살아내느라 고생했어.
당신은 정말 대단한 사람이야.
지금처럼만 살아내면 돼.
앞으로도 잘 부탁해.

제 2 장
사랑 받고 싶은 마음에서
사랑 주고 싶은 마음으로

바로 지금이 최고의 순간이다

바로 지금이 최고의 순간이다.
우리는 매순간 좋은 때에 살고 있다.
모든 것들은 매순간
아름다움으로 새롭게 피어난다.
주저하지 마라.
우리는 지금
뜨겁게 사랑할 때이다.

만들어가는 행복

행복을
찾아가는 사람이 되지 말자.
만들어가는 사람이 되자.
행복은
우리의 사랑을 먹고 자라난다.
너와 내가 있는 이곳에서.
살아갈 가치가 있는 이곳에서.

나의 뒷모습

내가 점점 좋아지고 있어.
나의 뒷모습에서
내가 보지 못했던 나의 모습을
바라보게 되어서.

내 눈에 비친 당신

사람은 원래 이기적이야.
보고 싶은 것만 보고, 듣고 싶은 것만 듣지.
이제 세상의 눈으로 보지 않고,
당신을 빛으로 볼 거야.
우리 함께 서로를 바라봐요.
태양처럼 눈부신 빛으로.

사랑은 무한대

무엇으로도 잴 수 없는 게 사랑이다.
사랑은 그래서 무한대이다.

사랑의 흔적

사랑은 떠날 때 흔적을 남기지.

온전히 내 사람이었던 너였는데.

그런 네가 내 세상에서 사라졌으니까.

나는 목놓아 울 수밖에.

차마 잊혀질 수가 없어.

너는 나의 전부였으니까.

내 것 같은 별 하나가 반짝이네.

보고 싶은 마음과 맞서지 말라며 나를 토닥이지.

조금은 노력할 거야.

조금은 참아 볼 거야.

내 사랑의 흔적이 상처로 남지 않도록.

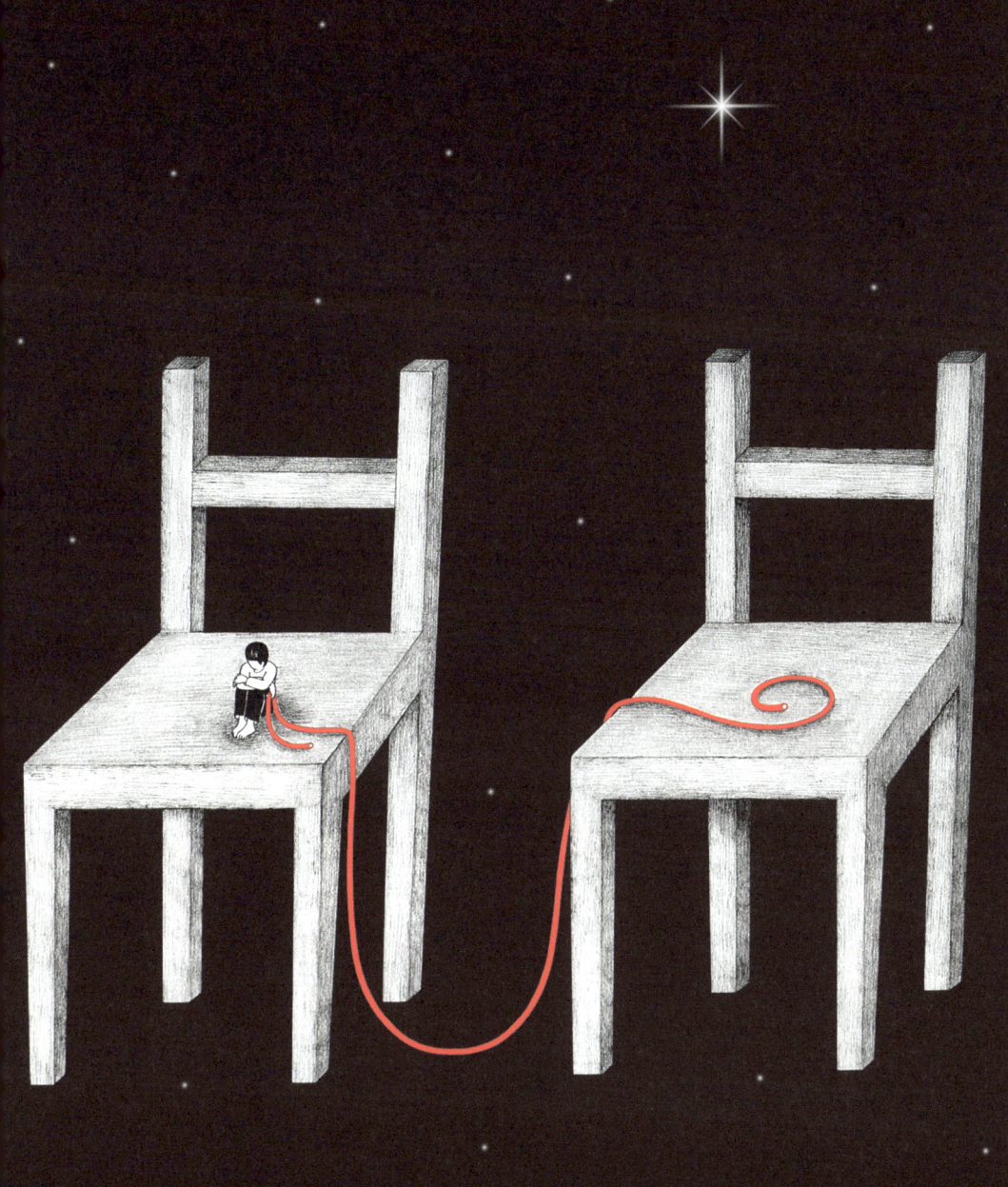

모든 것을 인정하는 것

우리가 함께 한다는 건 섭섭한 마음도,
답답한 마음도,
가끔 드는 미운 마음까지도 받아주는 것.
우리가 함께 하는 모든 것을
있는 그대로 인정해주는 것.
우리의 사랑과 평화를 지키는 법.

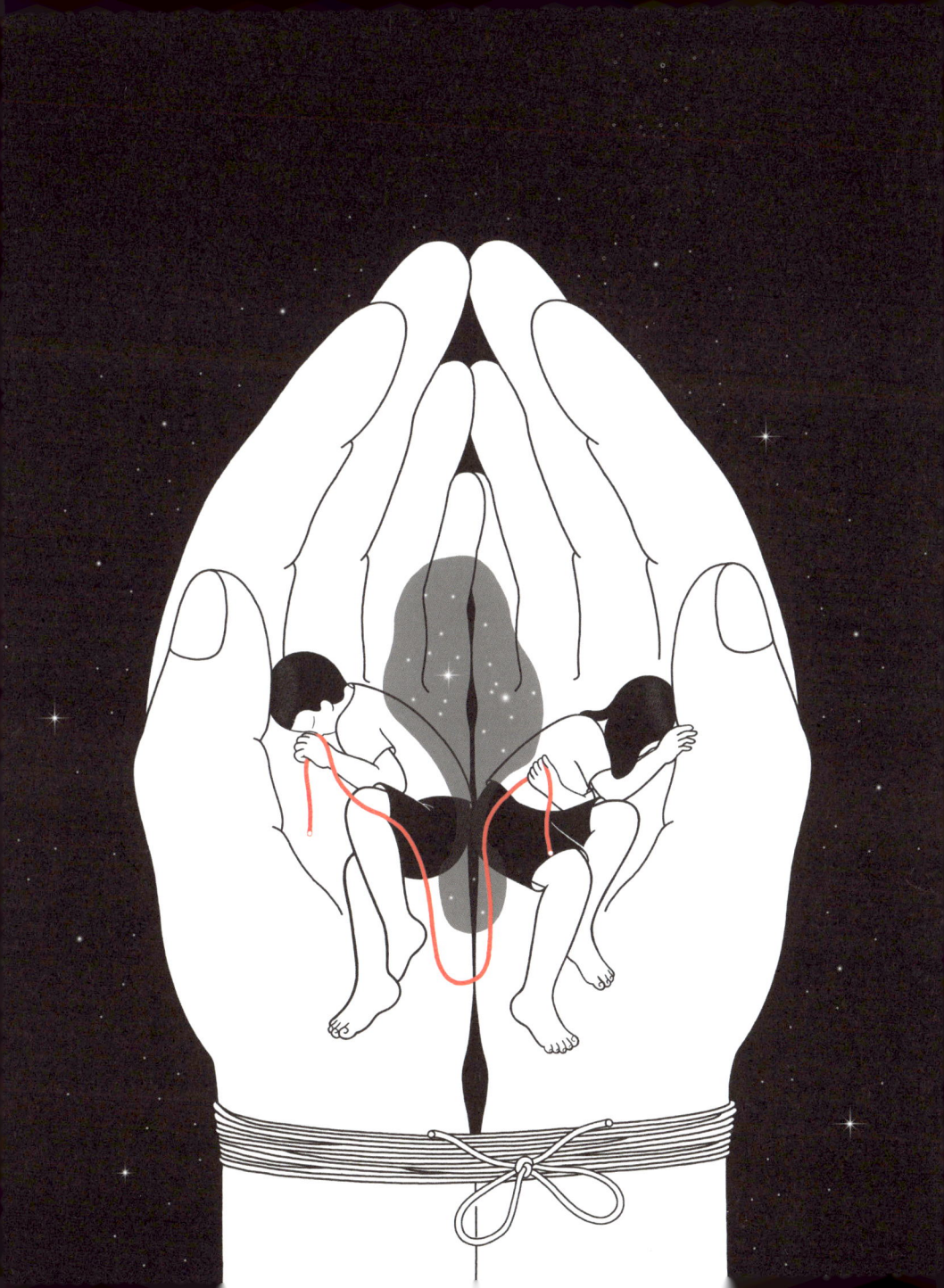

가장 당신다운 모습

당신의 얼굴 뒤에 있는
꽃 같은 마음을 보여 주세요.
그것이 가장 당신다운 모습이에요.

당신은 듣고 있나요

누군가의 말을 듣는다는 것은
가슴 깊은 곳까지
다리를 놓는 것이다.
당신은 듣고 있나요.
소중한 그들의 말을.

만지지 않은 마음

아무도 어루만져주지 않은 마음은
언젠가 아프게 되어있어.
누군가가 마음을 어루만져 주었을 때
그동안 외면받고 있던 마음이 외친다.
왜 지금에서야 알아봐주냐고.
왜 이 상태가 될 때까지 버려두었냐고.

참았던 눈물이 터져나온다.
이제라도 알아봐줘서
고맙다고.

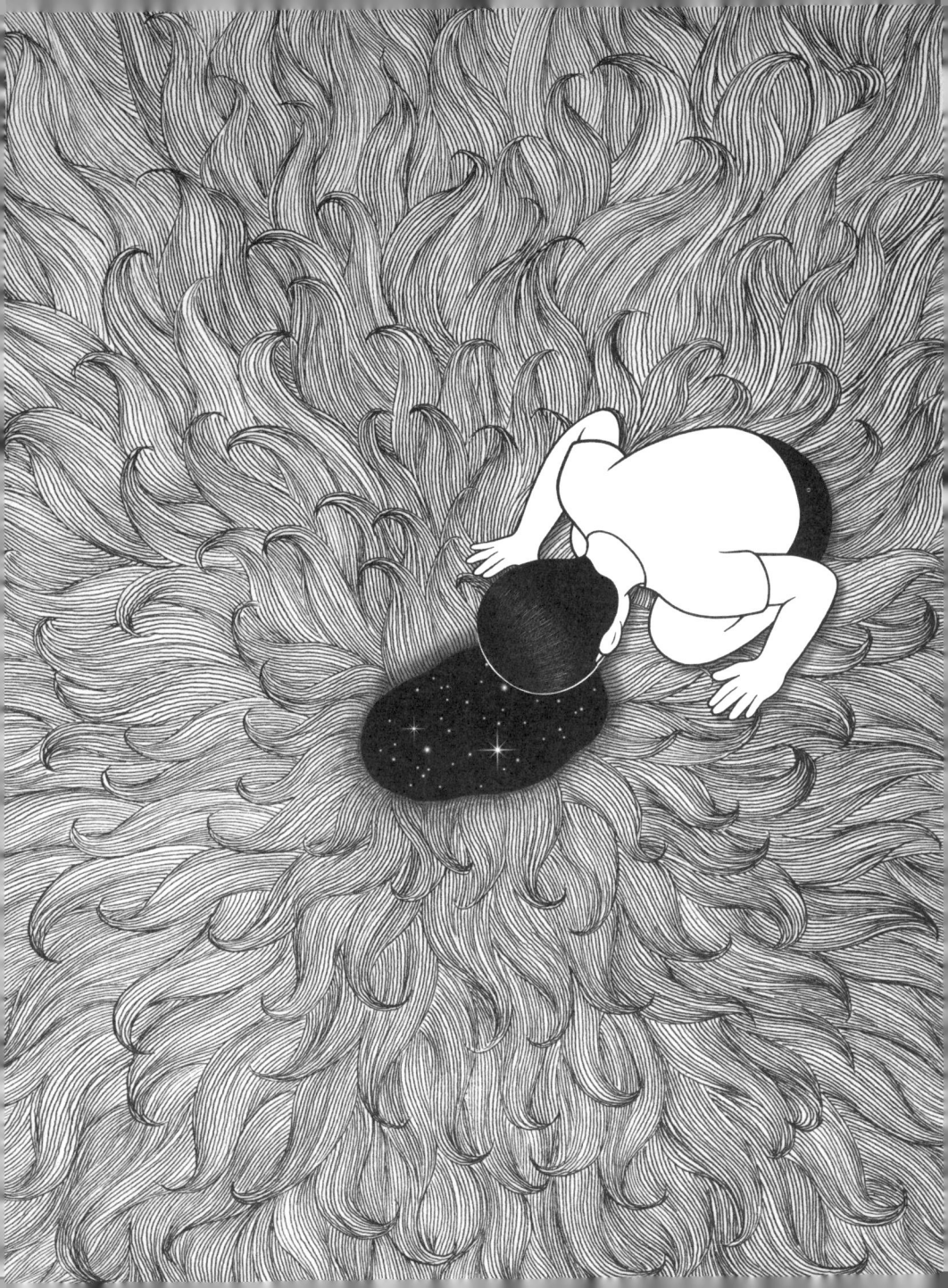

사랑 주고 싶은 마음으로

당신이 좋은 사람이고 싶다면 조금만 바꿔봐.
사랑 받고 싶은 마음에서
사랑 주고 싶은 마음으로.
그리고
조금만 기다려봐.
슬퍼서 우는 삶은 멀어지고
기뻐서 눈물짓는 삶도 찾아온다니깐.

소중함을 잃지 말자

나는 아니야.
나도 아니야.
우리는 결코 아니야.
물어보면 모두가 아니라는 말로 책임을 회피하기만 하지.
그럼 우리 지구는 왜 아픈 걸까.

우리의 책임을 회피하지 말자.
우리가 머무는 이곳 지구의 소중함을 잃지 말자.
지구는 바로 나다.

너를 사랑한 이후로

우주에 떠돌던 반쪽 짜리 별 하나가
내 품에 안기던 날.
나는 그렇게 너를 사랑하기 시작했어.
너를 사랑하기 시작한 후로 평범한 날들이
얼마나 소중한지 몰라.
우리는 그렇게 반쪽 짜리 별로 만나
하나가 되었지.
그리고 우리는 가장 빛나는 별이 되었지.

가슴을 활짝 들어봐

어느 날 문득 의문이 들었어.
내가 누구인지, 왜 이러고 사는 건지.
이러다 내가 나를 잃어버리지 않을까.
내가 나를 잃어버리지 않도록.
고개 들어 숨 한 번 크게 쉬어봐.
그리고 가슴을 활짝 열고 바라봐.
온전한 나의 삶이 될 수 있게.

함께 걸어가는 삶

사랑할 때가 있으면 미울 때도 있어.
그럴 때면 그 사람의 그림자를 들여다봐.
왠지 모를 안쓰러움으로 거리를 좁혀 보지.
그리고 다시금 한 번 생각해봐.
우리가 함께 있어 행복할 수 있었다고.
그거면 됐다고 생각하며
우린 또 함께 걸어가지.

위로받고 싶은 날

위로받고 싶은 날.
네가 있어서 좋다.
울고 싶은 날.
너와 함께 있어서 좋다.
앞으로 더 많은 시간을 함께 할 거니까.
따뜻하게 손잡아 줄 네가 있으니까.
나는 네가 참 좋다.

응원의 손길

어느 날 문득 내가 제일 외롭다고 느껴질 때가 있지.
광활한 우주에 나 혼자 소리 내어 울고 있는 것처럼.

그렇다고 꼭 그렇게 생각하지는 말아줘.
너만 모르는 거야.
보이지는 않지만
너를 향한 따뜻한 응원의 손길이
많다는 걸 알았으면 해.
길을 잃지 않도록
너를 향해 소중한 눈빛들이
반짝이고 있다는 걸 보았으면 해.

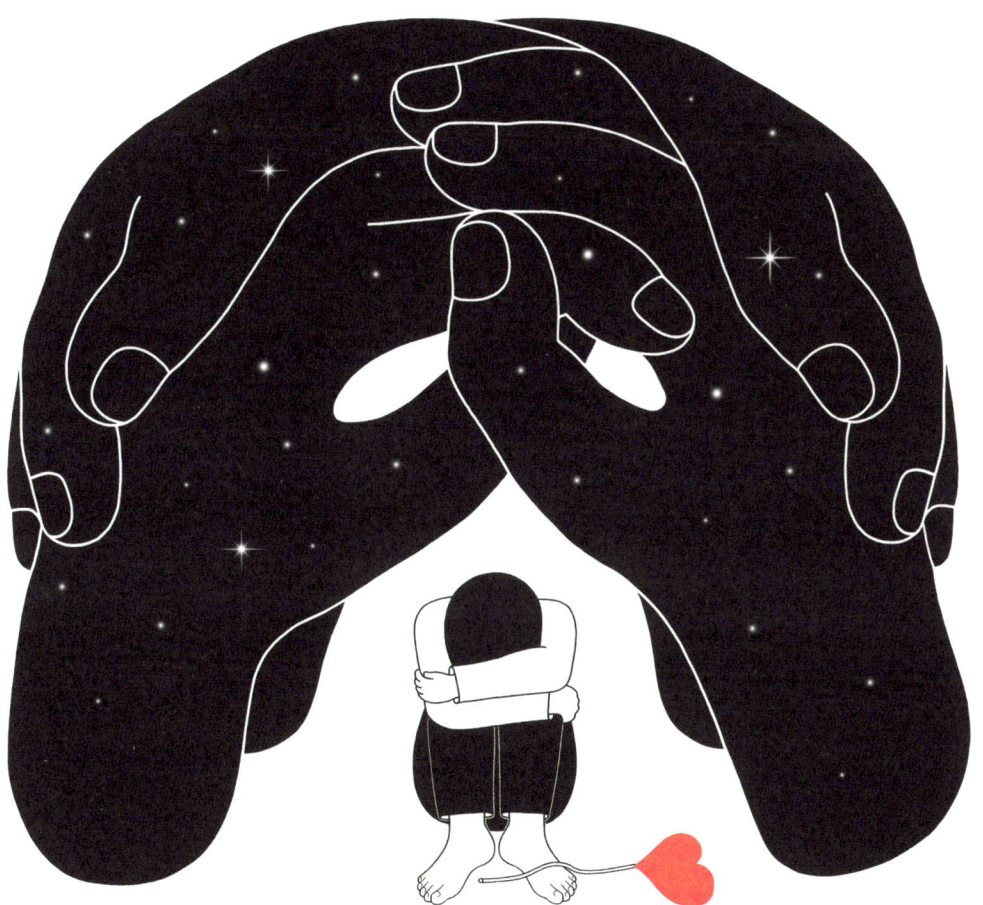

고난의 따뜻함

봄에 피는 꽃은 따뜻해.
유난히 추운 겨울을 지낸 봄은 더 따뜻해.
고난은 내게 따뜻함을 알게 해.

사랑의 가시

사랑이 깊어지면
우리는 지키고 싶은 것들을
안에 품고서 바깥을 향해 가시를 세우지.
가시 하나쯤 품고 사는 우리네 삶.
이해의 폭을 넓히면 사랑이 아닌 게 없어.
그런 가시마저도 시간이 지나면
나의 사랑을 견고하게 만들어주었다는
사실을 알게 될 거야.

사랑은 언제나 옳다

혼자만의 힘으로 걸어 가지 마라.
사랑이 걸어 가게 하라.
사랑이 가는 길은 언제나 옳다.

좋은 관계

'관계가 좋다'라고 하는 건,
적당한 거리를 유지하는 것.
마침표를 찍지 않는 것.
자르지 않고 그대로 두는 것.
오래오래 기다리는 것.
그래서 눈빛만 봐도 아는 것.

말로 때리는 사람

말로 때리는 사람을 만나면
나도 때려주고 싶더라.

위로받고 싶은 날

누군가의 어깨에 기대고 싶은 날
내게 말해 주면 좋겠어.
지금 잘 하고 있다고 말해 줄래.
너처럼 괜찮은 사람 없다고 말해 줄래.
조금은 위로받고 싶은 날.
당신의 어깨를 내어 줄래요.

우리는 한 짝이다

사랑하는 사람과 평생을 함께 한다는 건,
나의 신발 한 쪽을 내어주는 것.
너와 나는 한 짝이다.

제 3 장
불편한 마음인 채로
평온하게 살아가기

훗날에 기억되는 사람

사람은 누구나 꽃으로 불리길 원해.
누구나 특별한 대접을 받기를 원하지.
소중한 그들을 꽃이라고 불러보는 건 어떨까.
당신이 정원사가 되어 그들을 정성껏 키워내준다면
먼 훗날 그들은 '고맙다'라며
당신을 함박웃음으로 안아 줄 거야.

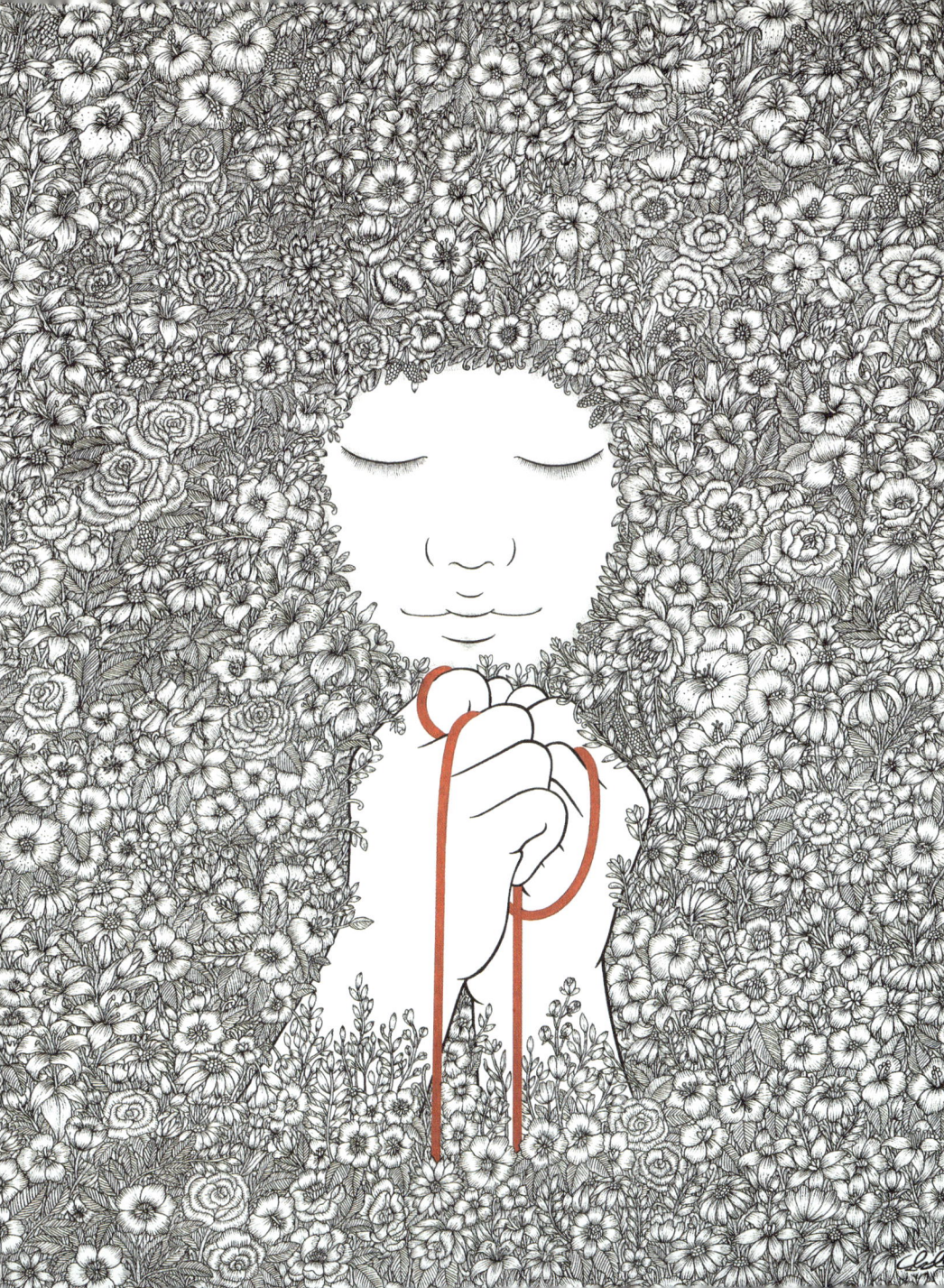

돈으로 살 수 없는 행복

행복한 사람은
돈으로 살 수 없는 것들을
많이 가지고 있는 사람이다.

용서의 마음

용서는
서로가 같은 마음이어야 한다.

나를 먼저 사랑하기

모두를 사랑하며 살 필요는 없다.
그러기엔 시간이 너무 짧아.
나를 아껴 주고 사랑하는 그들을 위해서라도
나는 나를 먼저 사랑하기로 했다.
나만을 위해 살아도 된다.
그래도 된다.

지금까지 난 괜찮다며 말하고 살았어

앞으로도 그럴 거야.
내가 나를 놓지 않는다는 건 쉽지 않아.
그래도 나를 붙잡고 끝까지 달릴 거야.
끝에 무엇이 나를 기다리고 있을지 모르잖아.
나는 그곳에 희망 하나 걸어 볼 거야.
그런 나를 응원해 줄래.
앞으로 잘 될 거라고.

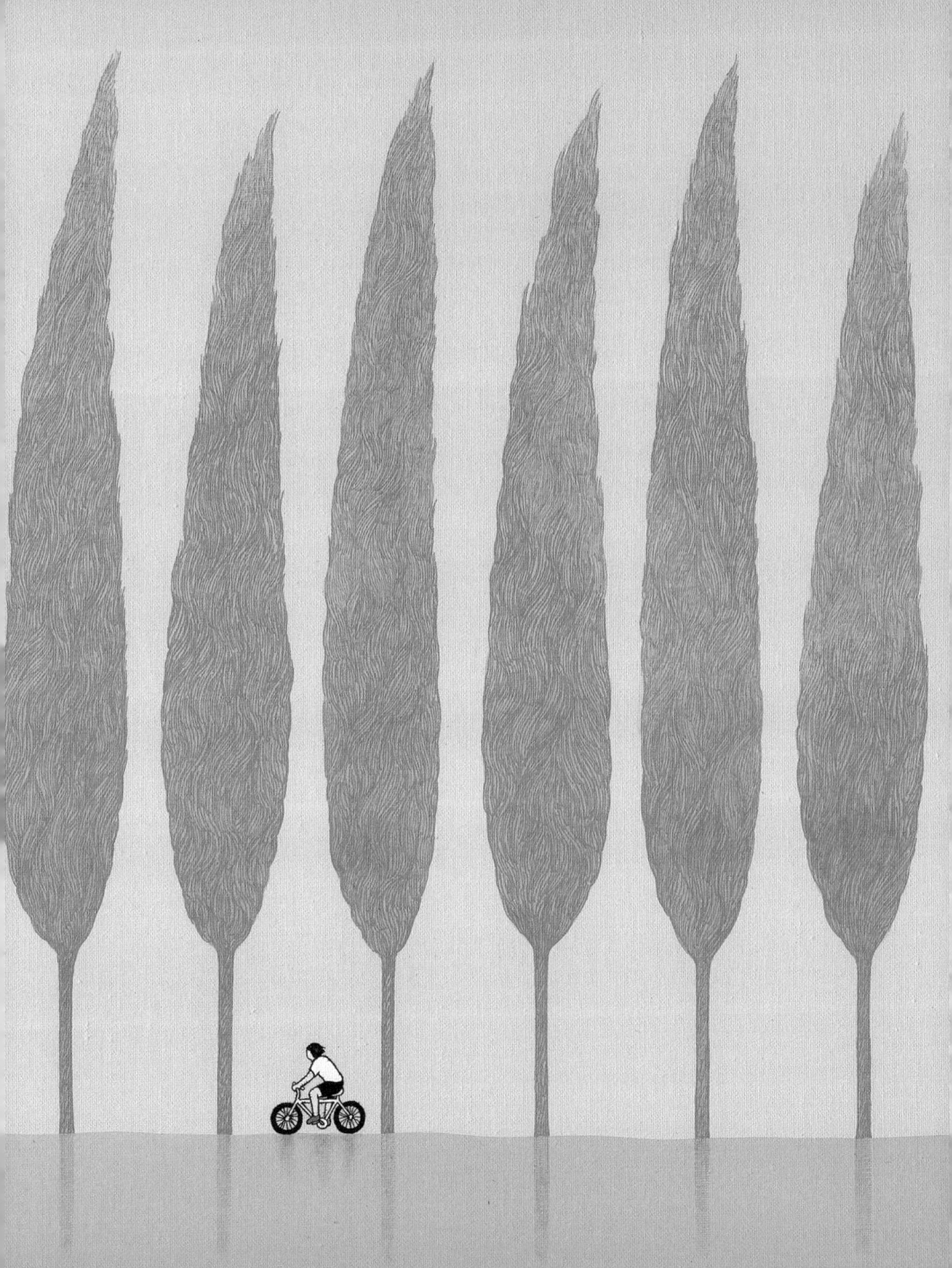

향기로운 사람

기쁠 때에도, 슬플 때에도,
제일 먼저 떠오르는 사람.
향기로운 사람.
고향 같은 사람.
그 사람이 내 사람이다.

마음의 등불

마음에 등불을 켜라.
구석구석 어두운 곳이 없도록.
사랑에 불 밝혀라.
구석구석 눈물 짓는 곳이 없도록.

불편한 마음 안아 주기

상처받지 않기를 소망하지 마라.
상처를 극복하는 방법을 터득해라.
평온한 마음은
불편함을 안아줄 때 시작된다.

인생은 아름다워

지지부진한 시간들이
흘러가는 와중에도 잊지 말기를 바래.
당신의 인생은 여전히 아름답다는 것을.
그 시간 속에서도
행복한 순간들이 있었기에 견딜 수 있는 거야.

난 내가 믿는 행복 안에서
매일 새롭게 태어나.
무슨 일이 있든 나의 행복으로 인해
인생은 늘 아름다울 수 있어.

가장 밝은 웃음

가장 밝은 웃음을 지을 수 있는 사람은
가장 깊이 울어 본 사람이다.

책을 읽는 지혜

지혜의 책을 읽으면 읽을수록,
나는 내가 옳다고 주장하는 것에 대해
매우 침묵하게 되더라.

작은 나로도 충분해

완전함이 나를 만들어 주지 않는다.
부족함이 나를 만들어 간다.
모든 것을 다 버리고 모든 것을 걸고.
자신 있게 뛰어들어라.
작은 나로도 충분하니까.

사랑스러워지는 나

멋진 외모로 평가할 수 없어.
화려한 배경으로 평가할 수 없어.
촌스러워도 어쩌라고
나는 당당함으로 승부해.
나의 부족함을 사랑해.
그런 사람이 나이기에 나는 가치 있어지고,
더욱 사랑스러워지고.

되돌아오는 사랑

내 것 하나가 길을 떠날 때 기꺼이 보내주어라.
새로운 사랑을 찾아 떠났다가
좋은 사랑을 찾아 돌아온다고 믿어라.
신께서 사랑 안에 되돌아오는 기능 하나를 숨겨 두셨단다.
그래서 할 수만 있거든 모든 사랑에게 친절해라.
새것이 되어 내 것으로 되돌아올 때까지
생명을 붙잡아 주는 손이 되어 그 사랑을 돕도록 하라.

그런 사람이면 좋겠어

부족해도 가진 것에 만족하면 좋겠어.
서툴러도 노력하는 사람이면 좋겠어.
작지만 욕심 없는 사람이면 좋겠어.
힘들어도 잘 웃는 사람이면 좋겠어.
그런 사람이면 좋겠어.

부족해도 괜찮아

부족해도 괜찮아.
너는 지금 멋지게 자라고 있는 중이니까.
더디게 자라도 상관없다.
천천히 피어라.
정직하게 피어라.
네 안에 위대한 것이 숨어 있다.

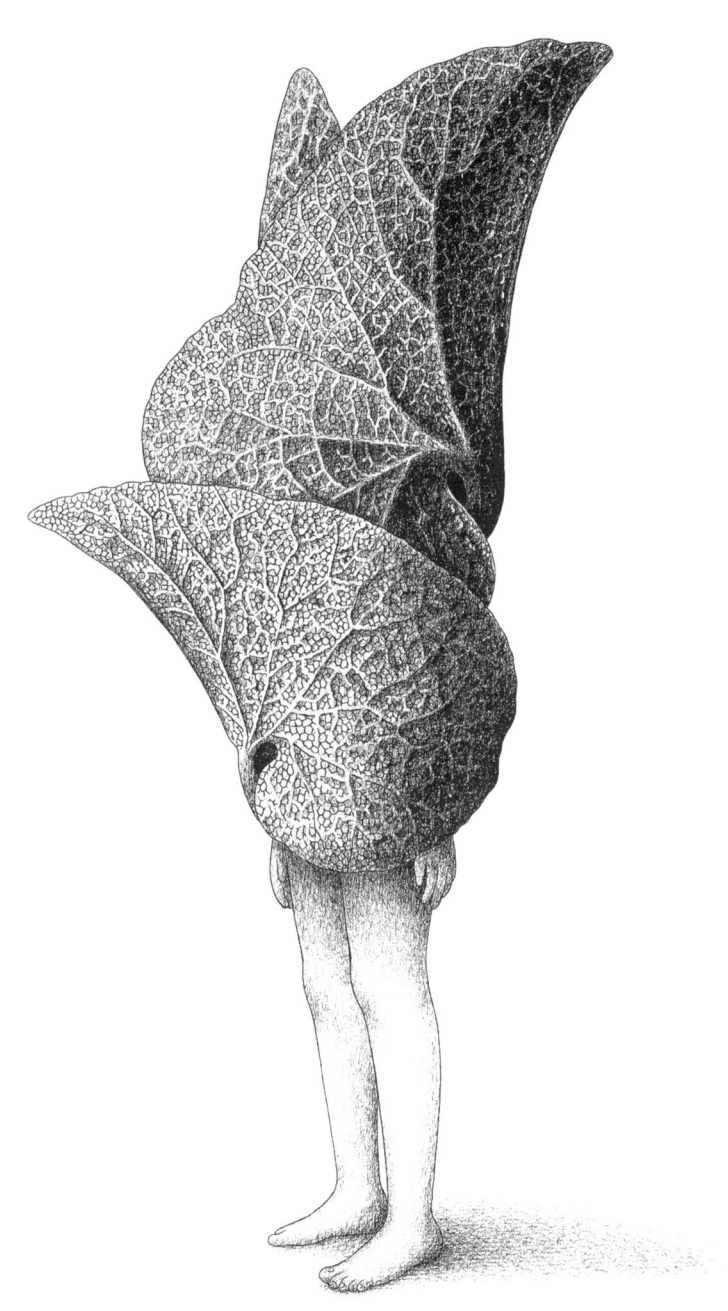

좋은 마음의 씨

긍정의 씨앗을 심어
좋은 마음씨가 자라도록
지금의 당신을 가꾸어라.
들리니,
새들이 지저귀는 노랫소리가.
보이니,
환한 햇살에 반짝이는 미소가.

고마워, 감사해

고집 불통인 나에게
늘 불만투성이인 나에게
항상 옳은 길을 알려 준 너.
늘 제자리를 찾게 해준 너.
너라는 사랑이 있어 고마워.
감사해.

나를 사랑한다면

나를 사랑한다면
예쁜 것들만 눈에 담기를 바래.
문득 슬픈 것들이 떠오르거든
한가득 웃음 지어 보기를 바래.
미운 것들이 찾아오거든
손들어 잘 가라고 말하길 바래.
나를 사랑한다면
그럴 수 있기를 바래.

사랑받는 존재

태양빛이 아무리 밝아도
너의 웃음만큼은 못해.
달빛이 아무리 고와도
너의 미소만큼은 못해.
별들이 아무리 반짝여도
너만큼은 못해.
잊지 마라.
당신은 모두가 부러워하는
이 세상 가장 사랑받는 존재다.

행복해질 수 있어

화사하게 핀 꽃잎 사이로 나는 수많은 별을 본다.
있잖아.
사람은 사랑한 만큼 행복해지더라.
저 별빛 속에서.
저 꽃잎 속에서.

너의 방식대로

누가 뭐라고 하든 상관없다.
너의 인생은 너의 방식대로 살아라.

언제나 소중한 너

남의 말에 약해지지 마라.
수군수군 지껄이거든 그러라고 내버려둬라.
그래서 어쩌라고.
그런 말에 휘둘릴 수 없는 너잖아.
당신은 여전히 괜찮은 사람이고
정오에 태양처럼 화사하고
밤 하늘에 별 만큼이나 빛난다.
그러니 그런 말에 당당해져라.
당신은 언제나 소중하다.

저 빛나는 별들 속으로

내일 일은 난 모른다.
난 오늘만 생각한다.
희망 하나 품고
꿈 하나 싣고
저 빛나는 별들 속으로 날아오를 뿐.

무슨 일이든 하자

아무것도 하지 않으면
아무 일도 일어나지 않는다.
무슨 일이든 하다 보면 무언가는 되어진다.
일단 그 무언가를 위해 살자.

슬픈 약속

듣는 순간 행복하지만 슬픈 약속.
너만을 사랑해.
사랑의 약속은 늘 시작과 끝이 다르더라.
그게 날 슬프게 해.

사랑이 문제다

사랑은 넘쳐도 문제고, 부족해도 문제다.

이제 그만할 거야

급한 마음으로 살다 보면
감사를 발견하기 어려워.
이제 그만할 거야.
쫓기며 살아가는 것.

외로워질 용기

외롭다고 힘들어하지 마라.
진짜 나는 홀로 되었을 때 만들어진다.

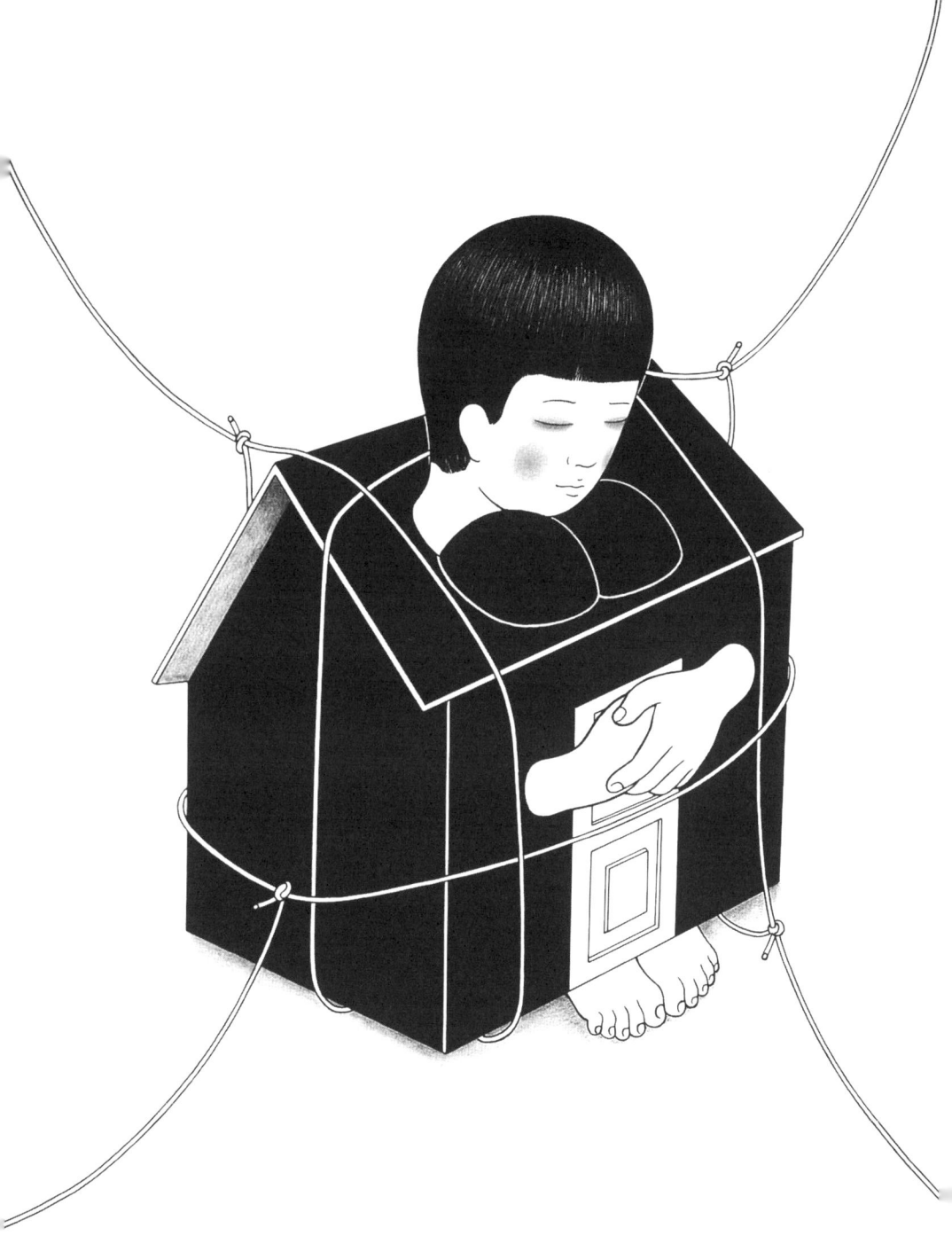

내일을 향한 손짓

꼭 성공이 아니더라도.
꼭 성장이 아니더라도.
괜찮아.
내일을 향한 손짓 하나면 돼.
한 번 해본다는 게 중요하니까.
단지 지금을 즐기며 살아낼 뿐.
무엇이 더 필요할까.

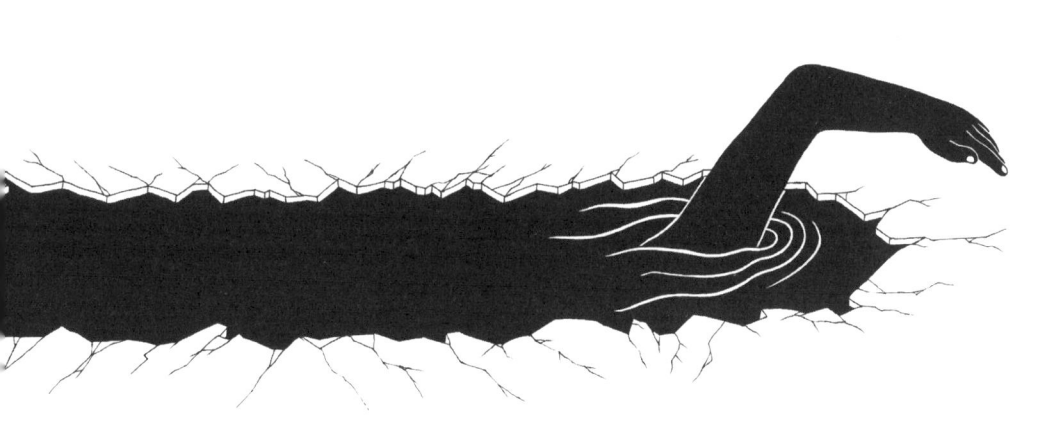

성장하는 중이니까

지금 웅크리고 있는 시간들이
멈춰 있는 것처럼 보일지 모르지만
비난하지 말아줘.
한심하게 보지 말아줘.
멈춘 게 아니라 성장하는 중이니까.

그거 아니?
침묵하는 시간이 깊을수록
더 크고 멋지게 성장한다는 것을.

나를 사랑하기

나는 나를 사랑하기 시작했어.
저 별들은 나를 위해 반짝이는 거라고
저 달은 나를 위해 비추는 거라고
생각하기로 했어.

눈이 오는 밤.
아늑한 방 안 풍경처럼
따뜻해지는 말로 나를 위로하고,
행복해지는 말로 나를 안아주고,
나는 나를 사랑하며 행복해지기로 했어.

지금은 좋은 때

우리는 몰라.
기쁠 때도, 슬플 때도,
지금이 얼마나 좋은 때인지.

좋은 건 늘 뒤늦게 알아.
우리는 몰라.
그때가 좋았다는 걸.
지금은 더 좋다는 걸.

제 4 장
미완성이지만
따뜻한 너로 살아줄래

사랑을 하면

사랑을 하면 따뜻해지더라.
두꺼운 외투를 두른 것처럼,
무슨 일이든 해낼 것 같은 든든한 능력을 갖게 되지.

어떤 상황에도 약해지지 마

어떤 상황에도 약해지지 마.
살아 있는 날들 앞에
행복할 날들이 찾아온다잖아.
감사할 날들이 찾아온다잖아.
약해지지 마.
신은 즐겨 내는 자를 사랑한다잖아.
끝까지 버텨내는 자를 존경한다잖아.

모든 것이 변해

시간이 지나면 모든 것이 변해.
젊음은 늙음으로,
사랑은 우정으로,
그저 그렇게 나이 들어가겠지.
하지만 걱정하지 마.
거친 파도가 휘몰아칠 때면
내가 널, 더 사랑하면 돼.

나만의 길

나의 뒤에는
늘 고난이 함께 했지.
그 고난이
나만의 길을 만들었고
나를 가치 있게 했지.

혀에 의한 죽음

요즘은 칼보다
혀에 의해 죽는 사람이 더 많아.

사랑을 경험한 입술은
남의 가슴에 함부로 돌을 던지지 않아.

무장해제

사랑 앞에선 무장해제되는 것 같아.
사소한 것 하나하나
모든 것을 쏟아낼 수밖에 없으니까.

눈빛 하나에도,
목소리 하나에도,
행동 하나하나 정성이 아닌 게 없어.
모든 걸 내어줘야 하니까.

잘못을 인정하는 용기

내가 왜 그랬을까, 잘 해내고 싶었는데.
자꾸 실수만 쌓여간다.
옳다고 했던 일들이 돌아보면 죄다 부끄러움뿐.
잘못을 인정하는 것도 용기라는 걸 알게 됐어.
미안하다는 것을 말하는 것조차 부끄러웠던
내 자신이 못나보일 뿐이야.

이제야 난 제대로 용기내며 말할 수 있어.
과거에 무심히 지나쳐온 나의 과오들을 향해.
진심으로 미안해.

상처를 딛고 일어서라

생각 없이 하는 말에 상처받지 마라.
그 사람은 그 사람 말을 한 것뿐.

상처는 내가 살아 있다는 증거다.
너의 감각이 생생하게 꿈틀거리는 증거다.
그 상처를 딛고 너를 만들어라.
그게 최고의 복수다.

당신이 충분히 강한 사람이 되라

누군가의 지적은 맞는 말일 때도 있지만
너무 새겨듣다보면 내 중심이 흔들릴 때도 있어.
어쩌면 그렇게 후벼파는 얘기만 하는지.
계속 듣다 보면 왠지 깊은 상처가 돼.

조언한다면서 사람에게 너무 상처주는 사람은
되도록이면 피하자.
그리고 그런 말을 들어도 흔들리지 않을 정도로
당신이 충분히 강한 사람이 되면 된다.

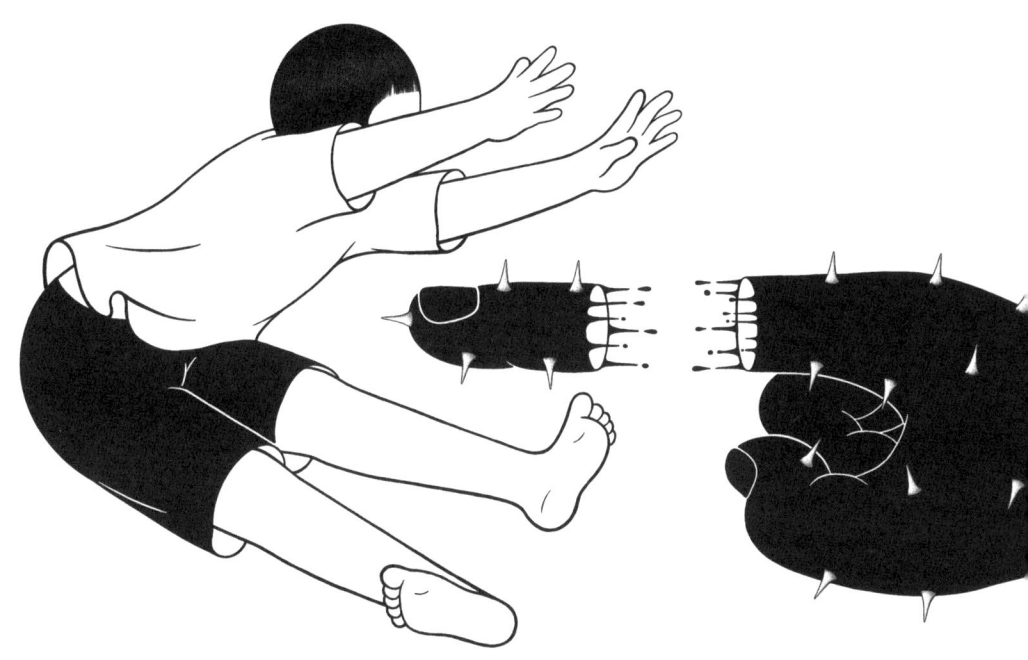

너 때문이야

우리가 '너 때문이야'라고 말하기 시작하면
그 끝은 언제나 이별이야.

사랑 받고 싶은 마음

불같이 화를 내는 사람을 보면 이렇게 생각해라.
'나 사랑 받고 싶어'라며 소리 지르는 거라고.

사랑이 충만한 사람은
분노를 도구로 쓰지 않는다.

나를 꺾는다

세상은 먹고살기 위해 자존심을 꺾으라고 말을 하지.
나는 사랑하는 사람들을 위해 나를 꺾는다.
이익을 위해 꺾는 것과 사랑을 위해 꺾는 것은 다르다.

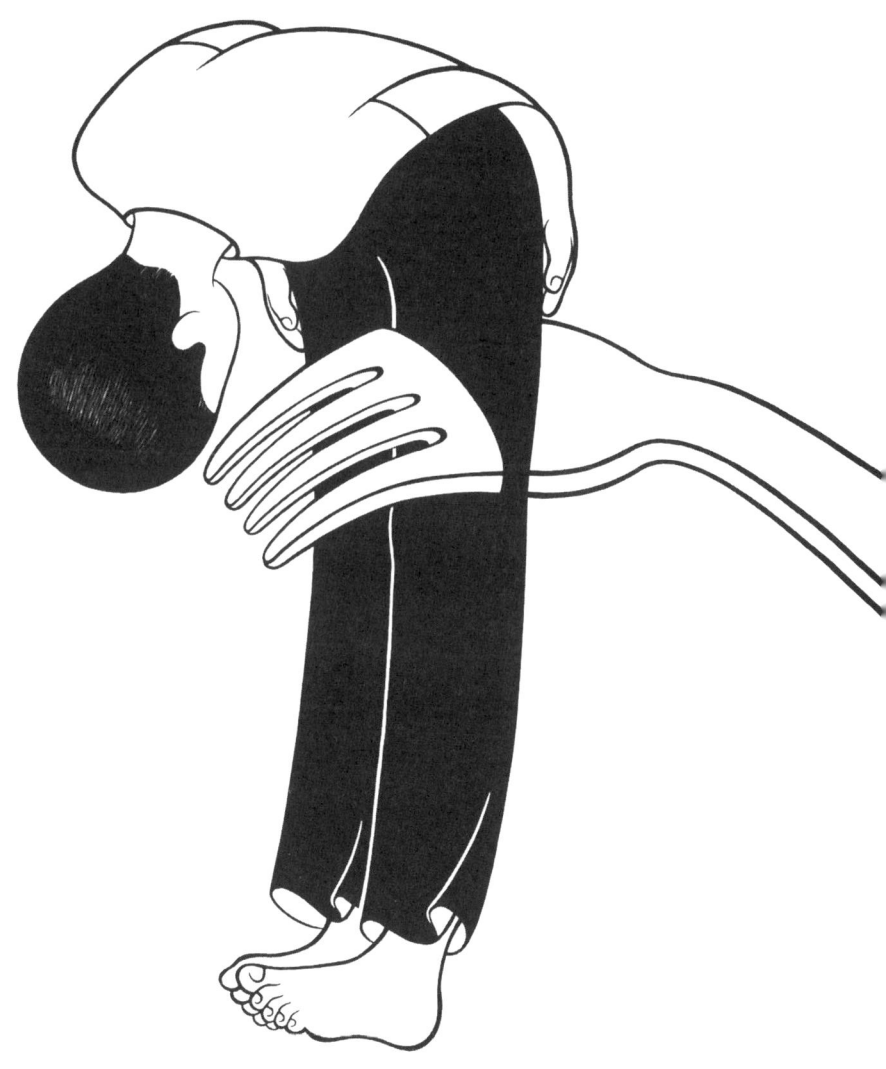

망설이지 마라

망설이며 웅크리고 있는 사람에게
무슨 좋은 일을 기대할 수 있을까.
더더욱 망설이지 마라.
사랑 앞에선.

내버려 두지 마

그냥 그렇게 내버려 두지 마.
그냥 그렇게 살지 마.
바로바로 날려 버려.
특히 당신을 괴롭히는
쓸데없는 생각들을...

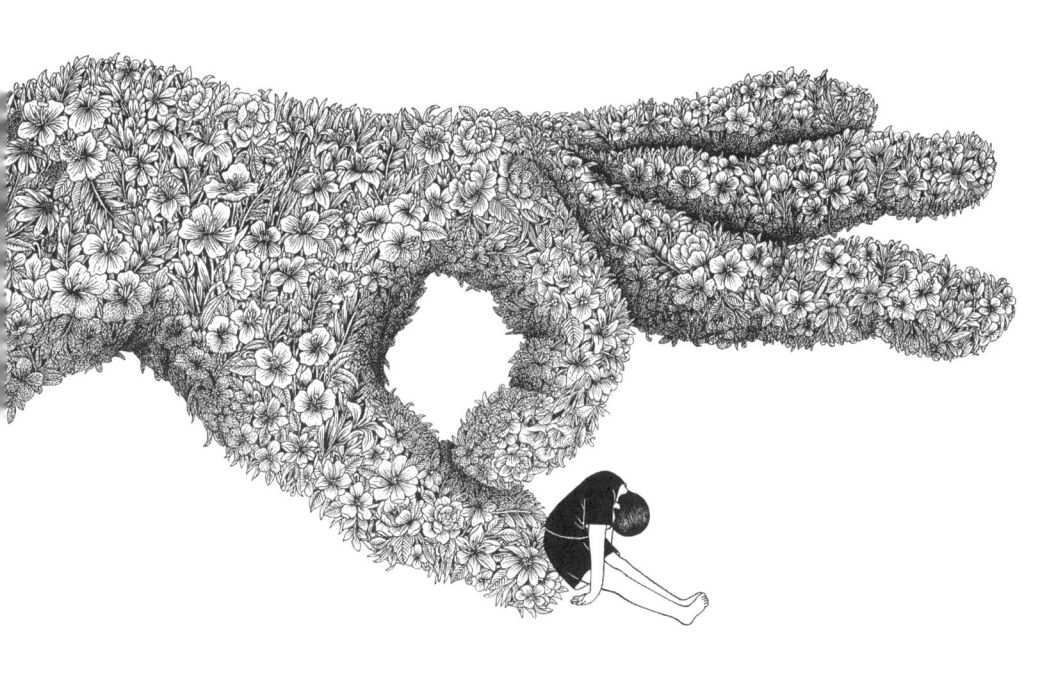

착한 마음이 부르는 곳

내가 괜찮은 사람이 될 수 있을까.
착한 마음이 부르는 곳으로 걸어가자.
나의 부끄러운 과거를 부여잡고
나는 내가 조금씩 좋아지기를 꿈꾼다.

외로운 그림자

누군가가 미워지기 시작할 때
사람의 뒷모습을 바라봐라.
사랑 받고 싶은
외로운 그림자와 마주하게 될 테니.

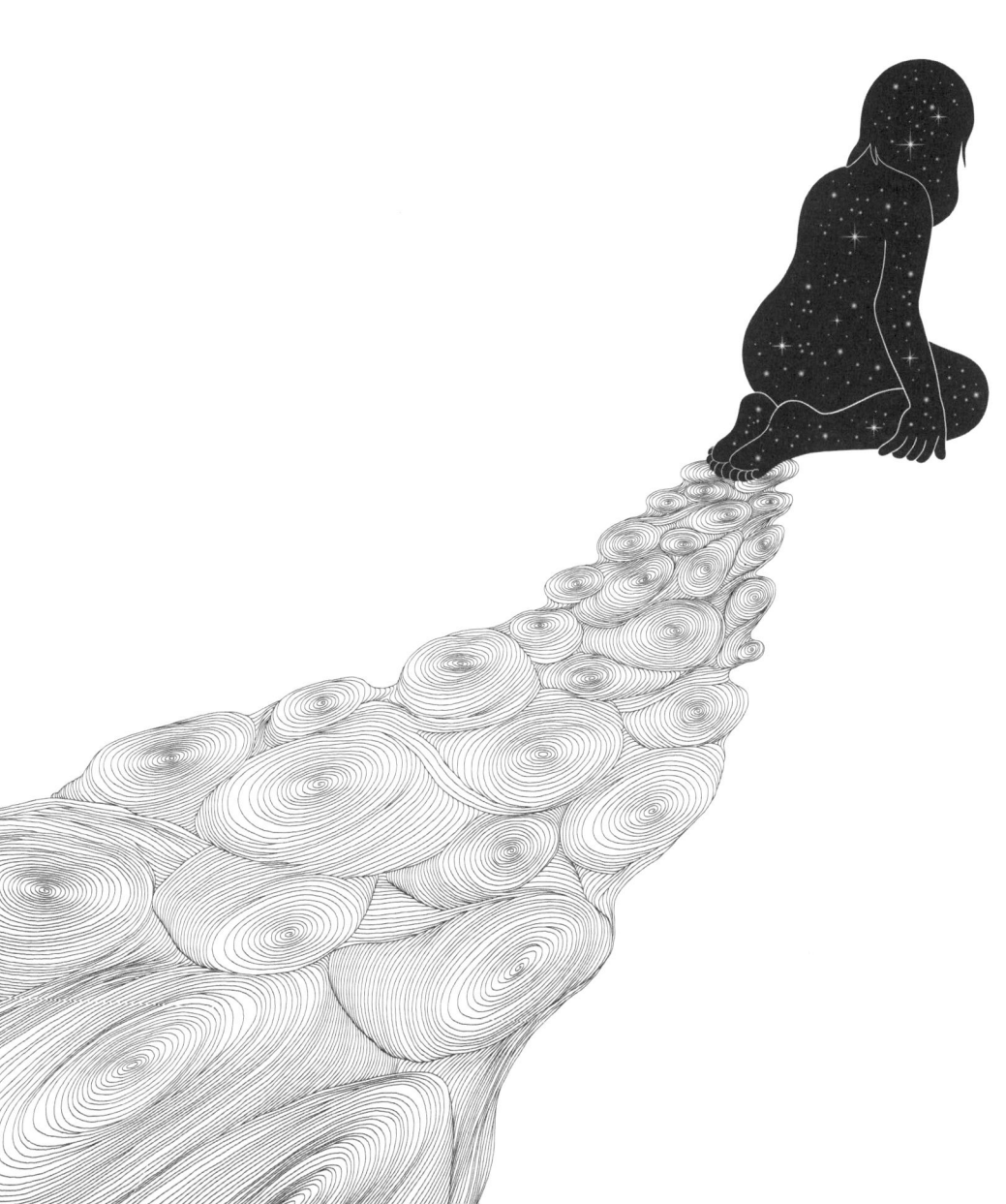

내 안에 중심

행복은 멀리 있는 게 아니야.
당신 안에 있어.
세상이 나를 제아무리 흔들어도
내 안에 중심 하나 바르게 선다면
나는 행복한 존재로 살아갈 수 있어.

시간의 마법

사람은 시간이 지나면 나이를 먹고 늙어.
그래도 그게 좋아.
시간이라는 건
분노는 사라지게 하고
감사는 살아나게 하는 마법을 부리지.

사라지는 사랑

영원할 것 같았던 우리의 사랑도
언젠가 시간이 흘러 녹아 없어지겠지.
그래도 사랑한 마음만은 영원하기를.

모든 시작은 너

너는 알고 있니
모든 시작은 너를 위한 거란 걸.
우주가 시작되는 창조와
별들이 존재하는 전설이
오직 너를 위한 시작이라는 걸.
너는 알고 있니.

신은 언제나 침묵이다

한 말씀만 하소서.
신에게 아무리 애원해도
신은 언제나 침묵이다.
신은 반짝임으로 걱정하지 말라고.
두려워도 말라고.
신은 그저
가장 어두운 곳에서 가장 빛나는 빛으로 말씀하실 뿐이니.

사랑은 나로부터

내가 허락하지 않으면 완성되지 않아.
그래서 사랑은 나로부터 시작돼.
진정한 사랑을 하고 싶다면
당신이 먼저 행복해지기를.
그곳에서 사랑은 시작되니까.

보이지 않는 고통

고통은

그 끝이 보이지 않을 때 가장 고통스러워.

나의 힐링타임

바빠서 잊은 거야.
살기 힘들어서 잊은 거야.
나의 힐링타임.

음미하는 순간

행복은 쫓는 게 아니야.
지금 이 순간을 음미하는 거야.

제일 먼저 너를 사랑하기

자신을 사랑한다면
타인의 말에 상처받지 않도록 하기.
제일 먼저 너를 안아 주고 사랑하기.
무조건 너를 신뢰하고 존중하기.
꼭 그렇게 하기.

기다리는 법

극한 상황에 내몰렸을 땐
내 탓도 너의 탓도 아니다.
그냥 상황이 나빠진 거다.
그럴 때는 침묵이다.
기다림이다.
사건을 해결해 주는 건 시간뿐이라고 믿고
기다리는 법을 배우는 것이다.

절실한 꿈

잠만 자는 파도가 있겠니?
눈물을 품지 않은 구름이 있겠니?
그 틈에도 감사할 거리가 많아서
꿈 하나 절실하게 품고 버틸 수 있었어.
감사할 줄 아는 인생이라
행복은 덤으로 따르더라.
감사하게도.

쉼

요즘 모두가 힘들어하지.
그건 앞만 보고 달리는 데만 열중해서 그런거야.
점점 나만의 온전한 쉼이 무엇인지 잊어가게 될 거야.
이것저것 다 힘들 땐 무조건 푹 쉬어.
그러면 다시 내 리듬을 찾아가게 될 거야.

평온을 바라보는 눈

세상은 평온 아닌 게 없어.
내가 평온으로 바라보면 그게 평온이다.

가장 빛나는 별

가장 어두운 밤에 가장 빛나는 별.
나도 언젠가 저렇게 빛을 발할테지.
알 수는 없지만 그날은 꼭 올테니.
지금 잘 견뎌달라고 오늘의 나에게 부탁할 거야.
그리고 꼭 말할 거야.
오늘을 비추는 저 별에게 너는 나의 미래라고.

우주에서 하나뿐인 너에게

1판 1쇄 발행 2023년 12월 12일

글·그림 손려원
펴 낸 이 신혜경
펴 낸 곳 마음의숲

대　　 표 권대웅
편　　 집 최은경
디 자 인 김은아
마 케 팅 노근수

출판등록 2006년 8월 1일(제2006-000159호)
주　　 소 서울특별시 마포구 와우산로30길 36 마음의숲빌딩(창전동 6-32)
전　　 화 (02) 322-3164~5　**팩스** (02) 322-3166
이 메 일 maumsup@naver.com
인스타그램 @maumsup
용지 월드페이퍼(주)　**인쇄·제본** (주)에이치이피

ⓒ손려원, 2023
ISBN 979-11-6285-145-6(07810)

＊값은 뒤표지에 있습니다.
＊저자와 출판사의 허락 없이 내용의 전부 또는 일부를 인용, 발췌하는 것을 금합니다.
＊잘못 만들어진 책은 구입하신 곳에서 교환해드립니다.